VOYAGE DE NAPOLÉON ET D'ÉLISA

A VENISE

(1807)

Le Palais de Strà

Par

PAUL MARMOTTAN

Lauréat de l'Institut
Chevalier de la Couronne d'Italie, etc.

PARIS

J. LEROY, Éditeur

55, rue du Faubourg-Poissonnière

1904

VOYAGE DE NAPOLÉON ET D'ÉLISA

A VENISE

Le Palais de Str...

VOYAGE DE NAPOLÉON ET D'ÉLISA

A VENISE

(1807)

Le Palais de Strà

Par

Paul MARMOTTAN

Lauréat de l'Institut
Chevalier de la Couronne d'Italie, etc.

PARIS

J. LEROY, Éditeur

55, rue du Faubourg-Poissonnière

1904

VOYAGE DE NAPOLÉON ET D'ÉLISA

A VENISE

(1807)

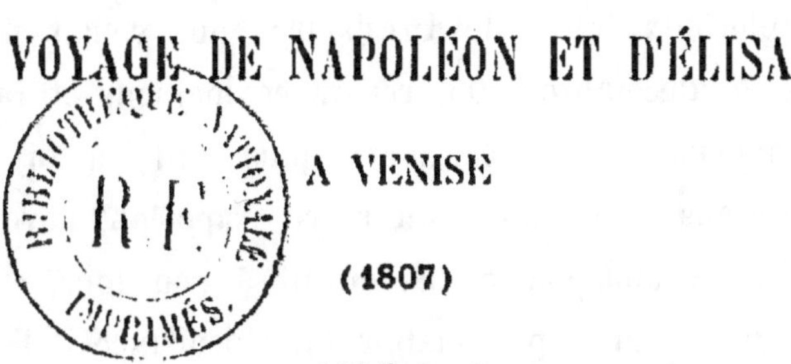

Au mois de novembre 1807, l'Empereur se rendit en Italie. Le principal but de son voyage était de visiter Venise, réunie récemment au royaume, avec son beau territoire allant, y compris le Frioul, jusqu'aux provinces autrichiennes, c'est-à-dire jusqu'à la ligne de l'Isonzo. L'Empereur voulait aussi inspecter cette vaste possession nouvelle de ses États, y ordonner des travaux, et réparer ainsi, par sa présence, aux yeux des populations, la nécessité où il avait été, en 1797, après Campo-Formio, de les céder provisoirement à l'Autriche, malgré la dissemblance des nationalités. Il n'avait pas fallu moins alors que l'intérêt supérieur qu'avait la France de se voir garantir les provinces de la rive gauche du Rhin, sa vraie frontière naturelle, pour décider Napoléon à lâcher prise sur la Vénitie, malgré qu'il lui en ait coûté beaucoup, comme bien l'on pense, et qu'on ait cherché depuis la justification de cet abandon dans la révolte des Vénitiens contre les Français.

Le glorieux traité de Presbourg, qui venait d'être signé le 26 décembre 1805, répara ce malheur et ratifia cette annexion si désirée. Ainsi plus tard, à près de cinquante ans de distance, un autre Napoléon, neveu et héritier du grand Empereur, devait à son tour, et au nom du même principe, rétablir l'indépendance italienne dans ces contrées et y marquer d'un nouveau sceau, celui-là définitif, la libération du pays.

Avant de parcourir le territoire, jadis apanage de l'ancienne république, et pour tenir sa cour à Venise, l'Empereur et Roi convoqua plusieurs de ses feudataires. Nous parlerons surtout ici de sa sœur, la princesse de Lucques.

Dès qu'elle fut autorisée à se joindre aux souverains d'escorte, Elisa quitta Lucques, le jeudi 26 novembre 1807, à midi, accompagnée de sa dame d'honneur, Camille Mansi, du chevalier Mansi, de son grand écuyer Bartholomé Cénami, de la signora Olympe Fatinelli, sœur de ce dernier et dame du palais, et de quelques autres personnes distinguées. En tout trois voitures, un petit et très élégant coupé de voyage confectionné à Paris, chez Getting, puis deux berlines; enfin, à l'avant, deux courriers. La princesse occupait seule le premier véhicule avec la marquise Mansi.

Arrivée le soir même, à cinq heures, à Florence, incognito, elle vint souper au palais Ximénès, chez le chargé d'affaires de France d'Aubusson (1), avec sa première dame d'honneur. Celui-ci, qui la reçut au bas du grand escalier de l'hôtel, avait réuni pour la circonstance plusieurs invités de marque connus pour leurs idées francophiles : les marquis Torregiani et Santini, le chevalier Hippolyte Venturi, outre le peintre Fabre. On remarqua une longue conversation entre la princesse et d'Aubusson, où il fut question, en termes très explicites, du départ de la Régente (2).

A six heures du soir, Son Altesse Impériale prenait congé et remonta dans sa voiture qu'escorta jusqu'à Bologne un peloton de chasseurs à cheval (3).

Pendant les quelques instants qu'elle passa à Bologne, le soir du lendemain 27, pour se remettre de la traversée de l'Apennin, particulièrement pénible en cette saison, le cardinal-archevêque et toutes les autorités civiles et

(1) Ce palais, où le ministre de France en Étrurie venait de se fixer, se trouvait justement dans la direction du chemin d'Elisa. Il est situé Borgo Pinti, n° 62, non loin de la porte San-Gallo.

(2. La régente Marie-Louise de Bourbon, veuve de Louis Ier, décédé en mai 1803.

(3) Aff. Étr., d'Aubusson à Champagny, 159e, dépêche datée du 3J novembre.

militaires du département (1) vinrent lui offrir leurs hommages, et elle n'avait pas encore atteint Ferrare qu'on voyait à une assez grande distance des foyers ardents disposés de place en place, en son honneur, pour éclairer la route. Aux portes de cette ville, toutes les autorités constituées saluèrent la princesse et l'accompagnèrent jusqu'au pont du Lac-Obscur *(di lago oscuro)*. Là se trouvaient déjà préparés les bateaux pour la conduire jusqu'à Venise. Son Altesse y monta, et aussi bien la navigation du Pô que le passage de la lagune vénitienne n'apportèrent aucun retard à son voyage. Le 29 novembre, à quatre heures du matin, elle atteignait Venise avec son cortège, et en très bonne santé; elle alla visiter trois heures après l'église de la *Salute*, le palais de la Charité (2), et le soir elle fut prête pour aller au-devant de l'Empereur.

Précédée de son ministre de l'intérieur d'Italie, Arborio Gattinare de Brême, qui avait reçu l'ordre de partir d'avance par la route de Mantoue, afin d'y préparer l'état de maison qu'il y devait tenir, étant chargé par l'Empereur et Roi de recevoir à sa table, durant ce voyage

(1) En l'espèce, le département italien du Reno.
(2) *Gazzetta di Lucca*, des 8 et 11 décembre 1807.

mémorable, les personnes admises à la sienne qui ne pourraient pas journellement y être invitées, Sa Majesté avait quitté Milan le 28 novembre 1807, au matin. Elle dîna à Vicence ce même jour, traversa de nuit Padoue, et arriva fort tard dans son palais de Strà (ci-devant palais Pisani), sur la Brenta (1). Elle y coucha, et, le 29 au matin, passa en revue les troupes qui étaient aux environs de Strà. Elle se mit ensuite en route pour Fusine. Elle avait alors à ses côtés le grand-duc de Berg, le roi et la reine de Bavière avec leurs enfants, le prince régnant de Neuchâtel, S. A. I. le vice-roi, les ministres Champagny et Decrès et le maréchal du palais Duroc. Le roi de Naples, Joseph-Napoléon, retenu à Modène, à l'*Albergo grande*, par une première entrevue avec son frère Lucien pour le préparer à un rapprochement avec l'Empereur, n'arriva que le surlendemain. La reine d'Etrurie, qui avait sollicité de venir offrir ses hommages, n'avait pas, et pour cause, été exaucée (2) ; elle manquait donc à ce cénacle de têtes couronnées.

La bienvenue du patriarche et des nombreuses autorités de Venise devait être souhaitée, le lendemain dimanche 29, au souverain, à Fusine.

(1) Il appartenait à la Couronne, qui l'avait payé 1.200.000 fr. Le palais de Strà devint un des six palais de Napoléon dans son royaume. — Voyez plus loin sa description.

(2) Voyez notre ouvrage : *Le Royaume d'Etrurie (1801-1807)*, pages 228 et 229.

Le patriarche de Venise, nommément M⁰ʳ N. X. de Gombaloni, venait un peu plus de deux mois auparavant, à la veille de partir pour Milan, d'être avisé par une lettre de S. Exc. le grand maréchal du palais que Sa Majesté Impériale et Royale l'avait décoré du Grand-Aigle de la Légion et lui avait fait présent d'une tabatière en or avec son portrait entouré de diamants (1). Était-ce pour bien disposer ce personnage à la future réception déjà prévue par les cercles officiels en septembre 1807, que ces attentions vraiment royales lui étaient prodiguées? On peut le supposer. En tout cas, la bonne politique commandait d'agir ainsi vis-à-vis d'une des premières fonctions de cette grande cité.

Le 29 novembre donc, l'Empereur arriva à Fusine (2) le soir, à trois heures, au bruit du canon et des cloches; la princesse Elisa s'y était déjà portée avec sa Maison

Le monarque mit pied à terre à l'extrémité de la terre ferme, près d'une tente formant salle, qui avait été disposée pour le recevoir. Tandis que le Podestat le saluait au nom de ses sujets vénitiens, deux nègres lui présen-

(1) *Journal français* de Naples du 19 septembre 1807. Rubrique : Empire français, Paris, 9 septembre.

(2) Fusine est situé au bout de la lagune vénitienne. Une belle route qui suit la Brenta y conduit de Padoue. Fusine n'est pas un village ni même un hameau, c'est une réunion de trois maisons, dont une, assez modeste avec colonnade, date de Napoléon. En face part l'embranchement de la Brenta sur l'Adriatique. Le pays aux alentours est plat et marécageux.

taient les clés de la ville, l'une en or, l'autre en argent,
suivant l'antique usage. Napoléon ayant remercié brième-
ment, rendit aussitôt les clés et s'inclina devant la brill-
lante assistance qui l'accueillait avec un enthousiasme
moins exubérant que celui de la foule, mais peut-être
plus respectueux.

Cette foule était composée principalement d'habitants
du Padouan et des provinces environnantes. Les cos-
tumes pittoresques des paysans et paysannes endiman-
chés, qui ont depuis longtemps disparu dans ces régions,
formaient un coup d'œil extrêmement coloré et digne de
fixer le pinceau d'un Tintoret ou d'un Guardi. Quant
aux voitures ayant amené tout ce monde, et qui étaient
au moins là depuis la veille, on ne les comptait plus ;
il en était venu de partout, par exemple d'Ancône et
de Rimini, et même des Alpes Juliennes. Les carrioles
de la Carinthie et du Frioul n'étaient pas les moins
curieuses à observer. Les cours et les abords de chaque
auberge, le long du parcours, en étaient envahis. De
Fusine, les équipages royaux rétrogradèrent sur Strà.

Le souverain s'embarqua donc à Fusine le 29 novembre avec sa suite, après les présentations des autorités vénitiennes. A ce moment, la nombreuse flottille de
l'Adriatique, composée de chaloupes canonnières et autres
bâtiments armés, formant une ligne passant par les
lagunes depuis le Grand Canal, à Venise, jusqu'à celui de

la Brenta, fit entendre une nouvelle décharge d'artil-
lerie. La mer était sillonnée de plusieurs milliers de
nacelles et de gondoles pavoisées, au milieu desquelles
on distinguait une vaste péotte surchargée d'attributs
ingénieux et dorés, tapissée à l'intérieur de soieries et de
velours nacarat, laquelle, avec deux autres également
sculptées, avait été construite spécialement pour la circonstance par le génie. La municipalité en avait fait les
frais.

Des dais à jour placés à l'arrière et recouverts de
vélums permettaient aux divers souverains auxquels ils
étaient destinés, d'être abrités et vus tout ensemble Les
gondoliers chargés d'effectuer le passage des rois étaient
en habit de satin blanc brodé de galons d'or. Le corps
de la marine avait préparé d'autres canots élégamment
ornés, l'un monté par les marins de la garde, l'autre par
des musiciens. Il y avait en outre douze gondolos pour
les adjudants et officiers destinés à maintenir l'ordre pendant la marche du cortège ; trente-deux chaloupes pour
les charges de cour et les autres notabilités ; vingt-cinq
autres pour les corps constitués, dont quelques-unes
parées de véritables monuments symboliques ; le tout
formait un assemblage superbe. Le canot des marins de
la garde suivait immédiatement la péotte de la Ville.

Sur dix bâtiments accompagnant le héros, que tous
les organes comparaient alors à Jupiter, à Romulus et

surtout à Numa, se trouvaient les consuls, les membres
de la chambre de commerce, le préfet, les divers conseils
municipaux, les commissaires, etc., etc. Des centaines
d'autres étaient remplis par les citoyens de toutes les
classes et de toute profession ; la noblesse était en cos-
tume (1). Elisa occupait une place dans l'esquif impérial,
non loin du chevalier Daniel Renier, podestat, avec qui
l'Empereur et Roi se plût à converser.

(1) D'après le *Journal italien* n° 336, du 2 decembre 1807. La meil-
leure description de cette entrée superbe, la plus détaillée et la plus
pittoresque, est celle de *Il quotidiano Veneto*, journal de l'époque. Elle
a du reste été reproduite par *Il Giornale italiano*, dans ses n° 312 et
315. — Voir aussi au musée de la bibliothèque ambroisienne, à Milan,
un tableau du peintre G. Borsato, rappelant cet événement. Il y a au
musée de Versailles deux tableaux représentant l'entrée de Napoléon
à Venise, qui furent donnés en 1856 par le comte de Molin. — Ces
toiles, qui ne sont pas exposées, sont signalées page 159 dans le rap-
port à l'Empereur sur la situation des musées, de 1853 à 1869, par
M. de Nieuwerkerke (grand in-8° de l'imprimerie de Mourgues paru
en 1869) véritable document relatant les progrès des musées durant
tout le Second Empire. La scène est prise sur le Grand Canal, prés du
Rialto et de l'arc de triomphe élevé pour la circonstance. Borsato,
peintre vénitien, né en 1771, signa son tableau en 1817, du moins celui
qui est à Milan. Mais il avait déjà, en 1808, donné plusieurs dessins
des gravures pour la relation des fêtes de l'entrée de Napoléon à
Venise, par le chevalier abbé Morelli, bibliothécaire royal, témoin
oculaire. Belle brochure de luxe imprimée à Venise, grand in-4°, 1808,
chez Picotti, texte en italien (rare); elle est dédiée à la vice-reine. —
Le museo civico de Venise, en 1902, où nous l'y avons vu, conservait
encore dans la salle de son comité un beau dessin de cette entrée de
Napoléon (largeur, 0m 50; hauteur, 0m 45). On y remarque l'arc de
triomphe, le Grand Canal, et l'Empereur placé sur le devant de la
péotte, les mains derrière le dos et en redingote. Un grand drapeau
flotte au-dessus de l'esquif. On y distingue aussi le groupement des
autres gondoles d'escorte.

La traversée jusqu'à l'embouchure du Grand Canal, près de Santa-Croce, qui forme l'entrée de Venise du côté de Fusine (l'entrée la plus large de cette ville célèbre, et pour cette raison choisie par les divers souverains qui y entrent solennellement, venant du territoire italien), la traversée, dis-je, dura environ une demi-heure ; bien que le temps fût plutôt couvert ce jour-là, le spectacle tenait de la féerie. Seule peut-être la solennité où figurait le *Bucentaure*, lorsque le doge célébrait les fiançailles de l'aristocratique république avec la mer, pouvait en soutenir la comparaison.

A l'entrée de la cité sortait des eaux, élevé qu'il était sur pilotis, un arc de triomphe colossal à six colonnes doriques et bas-reliefs construit sur le modèle de celui de Titus. Entre l'imposte et l'architrave régnaient des médaillons avec symboles, rappelant les fleuves qui avaient vu d'étonnantes victoires : l'Adda, l'Adige, le Panaro, le Danube, la Saale, l'Alle, etc. Deux colonnes rostrales à l'avant, surmontées d'aigles aux ailes éployées, portaient les armes de France et d'Italie. Des inscriptions composées par les savants étaient à l'avenant.

La foule avait envahi les bâtiments publics et les toits des maisons, et jusqu'aux clochers de la ville. Elle applaudissait dès qu'elle apercevait le souverain. Cette réception était sans exemple. Le trajet du Grand Canal, terminé au milieu d'un bruit de fanfares et d'acclamations, l'Empereur d'Occident, débarqué à la Piazzetta, après avoir jeté un premier coup d'œil sur le lion ailé (1) qui couronne une colonne de granit, ainsi que sur le palais ducal, entra à Saint-Marc.

Élisa assista donc au triomphe de son frère et aux fêtes que la ville des Doges offrit à ses illustres hôtes les jours suivants : revues, redoutes, régates, joutes sur le Grand Canal, notamment « le Jeu dit des Forces (2) », lancement de navires et de chaloupes canonnières, cantates lyriques, illuminations, etc., etc. Le 2 décembre, la princesse occupe, avec la reine de Bavière, leurs maisons, et les dames de l'aristocratie vénitienne, la galerie extérieure du premier étage du palais ducal, d'où elle contemple la revue que passe l'Empereur de sa flotte de l'Adriatique (3). De quelque côté qu'on se retourne, le spectacle est grandiose. On distingue, au milieu de l'état-

(1) A la suite du voyage de l'Empereur, ce lion fut transporté à Paris et forma le principal ornement d'une fontaine érigée sur l'esplanade des Invalides. Il fut repris en 1815 par les Autrichiens et ramené à Venise. — Quant aux chevaux de bronze de Saint-Marc, ils furent placés sur l'arc de triomphe du Carrousel.

(2) Cette fête, particulière aux Vénitiens, eut lieu au milieu du Grand Canal, l'après-midi du 2 décembre, anniversaire du couronnement. Des hommes, montés les uns sur les autres, en forme de pyramide, se soutiennent par l'effort de l'équilibre et leur grande vigueur. L'Empereur et Roi y assista du balcon du palais Balbi.

(3) La gravure de cette revue, publiée à la fin du premier volume de Zanoli, *Sulla Milizia italiana*, porte qu'elle eut lieu le 29 novembre.

major, un homme superbe, en uniforme écarlate avec des petites bottes à glands : c'est Murat. Puis, tour à tour défilent, sur le terre-plein de Saint-Marc, les soldats d'infanterie légère, les commissaires et les officiers appartenant à la marine royale, les pupilles, les artilleurs, les canonniers gardes-côtes, les vétérans et les Dalmates, encadrés par la garde de Venise, tandis que sur les flots se balancent, leurs carènes reluisantes à neuf, les chaloupes canonnières, trois bricks de 16, une corvette, trois frégates, etc., etc., le tout construit récemment dans le vaste arsenal, objet de toute la sollicitude du souverain.

Ces bâtiments de guerre, voiles déployées, sont : la corvette *l'Aigle* et les bricks *la Princesse-Auguste*, *le Iéna*, *le Friedland*, *le Neptune*, *le Teulié* et *le Pollux;* ils sont décorés des pavillons de toutes les puissances neutres et amies. Le fond de la scène est formé par les façades pleines de caractère de la Douane de mer s'avançant en promontoire et par le dôme élégant de l'église Sainte-Marie *della Salute.*

Napoléon visite un autre jour — le samedi suivant — la bibliothèque royale, distribue des croix de la Couronne de Fer, examine les manuscrits à miniature et laisse un don princier d'argent pour cet établissement.

Sa sœur, qui l'accompagne, est naturellement de toutes les cérémonies.

La municipalité, de même que pour la reine de Bavière,
a galamment désigné à son intention des dames d'honneur prises dans les meilleures familles; nous nommerons
les *signore* Catherine Contarini, née Civrano; Mariana
Gradenigo, née Loredan; Claire Contarini, née Piovene;
Claire Barbarigo, née Pisani; Élisabeth Widmann, née
Foscarini; Madeleine Pisani, née Micheli. Élisa se montre
très aimable avec toutes.

Le 3 décembre, au bal du théâtre de la Fenice qu'ou-
vrit le vice-roi avec la princesse Charlotte de Bavière, sa
belle-sœur, Stanislas de Girardin, écuyer du roi de
Naples, témoin oculaire, a un mot pour caractériser Élisa :
« La salle était brillamment illuminée, décorée de gaze
bleu et argent (1). Les femmes n'étaient guère remarquables que par leur parure, encore n'était-elle pas de
très bon goût. L'Empereur a passé environ une heure
au bal et s'est retiré à dix heures. *La princesse de Lucques, sa sœur, était mise de manière à faire beaucoup
d'effet.* La reine de Bavière avait beaucoup de diamants
et beaucoup d'années, etc. (2) ».

Ce même jour, 3 décembre, Eynard (3), demeuré à

(1) Les dépenses qu'on y fit pour cette fête atteignirent 40.000 fr.
Gazzetta di Lucca du 11 décembre.

(2) Stanislas de Girardin, *Mémoires*, II, 20 et 21, et *Giornale italiano* de Milan du 9 décembre 1807, p. 1372.

(3) Eynard (Jean-Gabriel), fermier des tabacs d'Étrurie et conseiller-
financier de la princesse de Lucques.

Florence, où l'incertitude était grande, et où l'on pensait
que la Toscane deviendrait italique province, « l'Empereur ayant dit au Conseil d'État qu'il voulait agrandir le
royaume d'Italie jusqu'à 11 millions d'habitants (et on
allait jusqu'à supputer que ce serait par voie de « Confé-
dération »), Eynard recevait un courrier de Venise, l'ap-
pelant sur l'heure; il partit aussitôt (1). Il arriva le 5.
« ....Quelle ville étonnante et quel moment intéressant
pour la voir; je crois lire *Candide,* écrivait-il, le 7, de
Venise (2). C'est le rassemblement des rois couronnés (ici
l'énumération donnée déjà ci-dessus). J'avais été appelé
pour une commission importante, je l'ai remplie, et ce
soir je repars pour Florence où ma présence est néces-
saire, puisque décidément la Toscane est réunie au royaume
d'Italie.... Que de choses surprenantes on voit ici! Il est
impossible de s'imaginer rien de plus brillant, de plus
imposant, ni de plus puissant que la cour de France. J'ai
trouvé une différence énorme de ce que j'avais vu à
Milan ; le respect qu'on a pour l'Empereur va presque
jusqu'à l'adoration ; les princes et tous ceux qui l'entou-
rent ne sont réellement que des esclaves; tous les souverains que je vous ai nommés attendent ses ordres comme

(1) Eynard à son frère à Genève, Florence, 3 décembre 1807. Archives
de la famille Diodati-Eynard (communication particulière).
(2) Allusion au souper de Candide à Venise. (Chap. xxvi de *Candide ou l'Optimisme,* de Voltaire).

un caporal l'attend de son colonel; aucun ne peut partir quand il veut, l'heure et le jour seront fixés par l'Empereur. Il faut voir ces choses pour les croire; il est impossible de s'en faire une idée » (1).

Bien que n'étant pas logée près de son frère, puisqu'elle était descendue au palais Corner (2), la princesse eut au palais impérial (3), ci-devant des Procurateurs, plusieurs entretiens avec Napoléon, et c'est là qu'elle reçut confidence de la probable et imminente incorporation de la Toscane à l'Empire.

Élisa, en tout cas, fut mise au courant du traité de Fontainebleau, signé le 27 octobre précédent entre l'Espagne et la France. Suivant ses clauses, la reine d'Étrurie devait abandonner ses États cédés à l'Empereur, et se retirer à Madrid près du roi, son père, en attendant qu'elle pût entrer en possession du nouveau et assez chimérique royaume de Lusitanie septentrionale (4), promis à son fils.

Élisa supplia alors Napoléon de lui accorder une

(1) Eynard à son frère à Genève (de Venise, 7 décembre).

(2) Le palais Pisani, sur le Grand Canal, avait été désigné pour le roi et la reine de Bavière, le palais Loredan pour la reine de Naples, etc. Il n'est pas jusqu'aux ministres qui n'eussent aussi des palais.

(3) Parmi les six palais de la couronne d'Italie qui furent meublés par la Liste Civile du souverain, avec un luxe et un bon goût tout français, celui de Venise, dénaturé aujourd'hui par les diverses révolutions du xix⁰ siècle, n'était pas le moins considérable. Sur l'ordre de l'Empereur, Percier même y fit divers arrangements. — Voyez plus loin la notice que nous consacrons à cette résidence impériale.

(4) Portion du pays appartenant au Portugal

augmentation de territoire à prendre dans le royaume d'Étrurie, et elle plaida si bien sa cause qu'elle lui en arracha la promesse. Mise en goût par le tendre accueil de son frère, on la voit formuler, dans une note datée du 8 décembre 1807, au duc de Cadore, accompagnée d'une carte sur laquelle elle a tracé, en traits rouges, les frontières qu'elle désire, de nouvelles demandes. La chartreuse de Pise, située en territoire étrurien, et qui a un revenu de 20.000 écus de Toscane, lui conviendrait comme maison de campagne. Pour Piombino, elle souhaite les limites de la Cécina et de l'Ombrone, rappelant qu'en juillet 1806 le prince de Bénévent lui avait annoncé comme certaine l'annexion à Lucques des districts de Barga, Serravezza et Pietra-Santa, et toute la Lunigiana ligurienne et toscane, c'est-à-dire Sarzane, Fivizzano, Bagnone et Pontremoli, pays comprenant 36.000 habitants et donnant 200.000 fr. de rente. Or, ce beau projet ne s'est pas réalisé et elle n'a eu que des déceptions de ce côté. Elle réclame aussi, comme propriété personnelle, la villa ducale de Poggio-a-Cajano, sur la route de Pise à Florence, située à trois lieues de cette capitale; on le voit, l'augmentation de ses limites la tourmentait d'autant plus qu'elle savait décidé le départ de la reine-régente (1).

Plus calme sur ce chapitre, Napoléon se réserva de

(1) Aff. Étr., Lucques, IV, 159.

choisir le moment pour augmenter les possessions luc-
quoises : les événements qui se déroulaient en Espagne
et surtout l'entrevue que Joseph avait préparée sur ses
ordres, entre Lucien et lui, à Mantoue, sur sa route de
retour, entrevue toute prochaine et qu'il espérait alors
devoir être concluante dans son sens, pouvant d'un moment à l'autre influer sur ses résolutions.

La princesse, après ces quelques jours de fête, quitta
Venise le 7.

Le voyage fut plus fatigant qu'en allant, par suite
de l'affreux état des chemins, notamment de celui de
Ferrare, inondé par le Pô, qu'on dut même éviter en
faisant un grand détour. Eynard, qui est du trajet, occupait une des voitures de sa suite avec le secrétaire particulier d'Élisa. « Sans cela, il m'aurait été impossible
d'avoir des chevaux. Nous avons pris la route de Padoue,
Vicence, Vérone, Mantoue, Reggio, Modène et Florence (1) ».

Élisa repassa par Bologne le 10 décembre, à onze heures
du matin, et descend chez M. Louis Perotti, à l'*Hôtel
de la Ville de Paris*, où elle avait de même logé lors
de son récent passage. Son frère Joseph arrive à son
tour le lendemain (2) et prend logement au palais Mares-

(1) Lettre de Florence du 11 décembre 1807.
(2) Bibliothèque de Bologne, manuscrit : *Memorie storiche dal 1775
al 1822*, 10 verso. La veille, 9 décembre, Lucien avait passé à Bologne
sans s'arrêter, allant de Rome à Milan.

calchi. Pendant ce court séjour, Élisa fut complimentée par le commandeur Mosca, préfet, et par M. Bettini, vice-podestat, entouré de la municipalité. Élisa se rendit avec sa suite à l'Université, visita les locaux et voulut encore revoir la fabrique de toile de MM. Leonesi et Bignani, à qui elle laissa une grosse commande. Elle retint le préfet et le vice-podestat à dîner, puis, à neuf heures du soir, elle reprit la route de Pistoie (1).

Sur huit jours que dura le voyage, la princesse et ses gens en passèrent six et six nuits en voiture. Pour traverser les Apennins, on dut mettre dix chevaux et quatre bœufs à chaque voiture, la montagne étant couverte de neige. « Nous avons rencontré la reine d'Étrurie qui est partie avec une suite très nombreuse (2), écrit Eynard à son père, le 11 décembre 1807, de Florence. Entre Bologne et Modène, j'ai rencontré Lucien Bonaparte, ajoute-t-il (3). Ce voyage pourrait causer encore de nouveaux changements. Il paraîtrait qu'il est raccom-

(1) Le *Journal italien* du 17 décembre 1807, d'après la *Gazette de Bologne.*

(2) Voyez le *Royaume d'Étrurie*, pages 243, 244, 249, 250 et 370.

(3) Lucien se rendait alors à Mantoue pour voir l'Empereur, mais il s'arrêta d'abord à Modène et il logea à la *Grande-Auberge* où il avait rendez-vous avec son frère Joseph qui arrivait de Venise. Il passa la soirée, en l'attendant, au théâtre Rangone, aujourd'hui détruit. Cet édifice était situé à l'angle de la voie Émilienne et de la rue conduisant au château royal. Il atteint Mantoue le 13 décembre presque en même temps que Napoléon. L'entrevue eut lieu ce même jour au palais royal de cette ville.

modé avec l'Empereur et que le roi de Naples en est cause..... Les grands chemins d'Italie offrent un singulier coup d'œil ; on ne rencontre que princes, rois et souverains nouveaux ou déchus ».

Élisa rentre à Lucques le 12. Toutes les autorités avec les colonels et lieutenants de divers régiments de la garde nationale vont au-devant d'elle jusqu'à la frontière, où se rend également le prince Félix, avec plusieurs voitures à la daumont, dans lesquelles Élisa et sa suite prennent place (1). Son but politique était rempli.

Napoléon, de son côté, passant par Mestre et Trévise (2) le 8 décembre, ville où de Brême l'avait précédé pour préparer sa réception, regagna Milan et Paris, non sans avoir reçu sur son passage bien des démonstrations officielles et spontanées de la part des villes qu'il traversa. Ce même jour, 12 décembre, il s'arrêta à Mantoue où eut lieu — telle la scène célèbre entre Auguste et Cinna — son importante mais stérile entrevue avec Lucien.

(1) *Gazzetta di Lucca*, nᵒ 102, 15 décembre 1807.
(2) De Brême, après avoir dressé l'itinéraire impérial, rentra de cette ville à Milan, sur l'ordre du vice-roi, pour s'occuper des formalités nécessaires à la convocation des collèges électoraux.

LE PALAIS ROYAL DE STRÀ

(1807-1902)

STRÀ *(province de Venise, diocèse de Padoue, 2.580 habitants en l'an 1902)* est une petite commune d'aspect riant, située à la gauche de la Brenta, au confluent du Bacchiglione. Elle est remarquable par un grand château, dit aujourd'hui (1902) « *la Villa nationale* », qui est déclaré monument historique. Strà est entourée d'un pays agricole et est plus rapprochée de Padoue (deux lieues et demie) que de Venise (cinq lieues) (1). Une belle route carrossable traverse toute cette contrée peuplée et qui paraît assez riche; elle suit la Brenta, en décrivant parfois des sinuosités. Elle est bordée de bornes en pierres qui rappellent sa réfection à l'époque napoléonienne (2). La Brenta, dans tout ce parcours vers l'Adriatique, roule ses eaux jaunes et troubles entre deux chaussées plus élevées que la campagne, où se profilent les silhouettes de plusieurs villas anciennes, dont quelques-unes à style rococo et même d'autres d'aspect seigneurial.

La plus importante d'entre celles-ci, le château de Strà, sous

(1) Un petit chemin de fer d'intérêt local unit Padoue à Venise par Fusine. Il suit la route nationale.

(2) Les nombreuses routes du nord de l'Italie, créées ou refaites sous Napoléon, portent toutes sur leurs lisières ces bornes en pierre qui les font de suite reconnaître.

le premier royaume d'Italie, devint résidence du souverain en 1807, et fut acheté 1.200.000 fr. par la Liste Civile aux descendants des Pisani, famille patricienne illustre de Venise, qui l'avait fait bâtir au début du XVIIIe siècle, disent les uns, sous la direction des architectes F.-M. Preti et G. Frigimelica, et en 1744, affirment d'autres auteurs (1). En cette dernière année, il fut fait appel aux meilleurs peintres, sculpteurs et ornemanistes, pour terminer et embellir la grandiose habitation d'été de la famille Pisani, qui a compté des doges célèbres. Leur palais de ville, du plus pur style ogival vénitien, s'admire encore aujourd'hui en bordure du Grand Canal. A Strà, le parc fut agrémenté de divers pavillons turcs, chinois, persans ; d'un autre consacré à la musique, d'un autre au jeu, d'un pour la chasse, tous magnifiquement décorés. Je passe la description des fleurs, des statues mythologiques, des bosquets, des allées ombreuses, d'un labyrinthe rempli de surprises, des grilles forgées aux ferrures enjouées et rares, des vases décoratifs les accompagnant, de la monumentale écurie, en son genre bien plus importante de bâtiments que celle de Chantilly, si disproportionnée avec sa destination, mais ici appelée, en guise de correctif, par l'architecte, à former une perspective au château, à l'autre bout du parc. Cette merveille princière, car le château que nous allons décrire allait de pair avec les accessoires, n'était pas pour démentir l'opinion qu'au XVIIIe siècle, exactement en 1711, donnait des bords de la Brenta l'ex-général

(1) Notamment *T. Wiel*, d'après Gherro, dans un opuscule édité en 1881 à Venise, chez Fischer, 2e édition (page 10). — Les Pisani eurent alors des rapports avec le gouvernement napoléonien, car, en décembre 1807, leur beau palais sur le Grand Canal servit, comme nous l'avons marqué, à des membres de la suite impériale.

Coronelli dans un éloge prolixe de quarante-cinq tomes (1). Il les vante comme le faubourg de Venise et comme le lieu de délices des patriciens vénitiens. On y naviguait en gondole et l'on passait devant les villas ou palais Foscari, Mocenigo, Dolfin, Bembo, Contarini, Corner, Pisani, Tiepolo, etc., tous plus élégants les uns que les autres ; on en découvre des vestiges assez beaux encore aujourd'hui ; mais beaucoup sont ruinés ou ont disparu.

En 1807, cet état de déclin des villégiatures de la noblesse vénitienne, dans cette contrée formant comme la continuation du Grand Canal, était loin d'être si accentué que de nos jours, mais pourtant il commençait, et après la chute de Napoléon, il se révélait par l'état d'abandon de la plupart de ces palais de campagne. Un voyageur de 1817, dont la relation est précieuse à consulter, signale qu'en cette année là, la bande noire en démolissait plusieurs. « De grandes barques prenaient leur chargement de marbre, de plomb et de fer à l'endroit même où le noble propriétaire avait coutume de monter dans sa gondole (2) ». Une Anglaise, qui nous a laissé ses impressions de la tournée qu'elle fit dans ces parages deux ans plus tard, en 1819 et 1820, parle aussi de ces bords fameux de la Brenta avec enthousiasme (3). Ils étaient encore très courus, et vers 1823 l'ex-reine Caroline Murat y séjourna quelque temps, à la villa Foscarini, sise au village de la Mira.

---

(1) *La Brenta..... delineata e descritta dal P. ex generale Coronelli ne quaranta cinque tomi (sic)*, dédiée à S. A. R. le prince Jacques Sobieski, fils aîné de l'invincible Jean, roi de Pologne, Lithuanie, etc., « il defensora e riparatore del languente Christianesmo », 1711.

(2) L. Simond : *Voyage fait en Italie en 1817*, I, 34.

(3) Lady Morgan.

Les endroits les plus recherchés étaient Mira, Dolo, Morenta, etc,

Quand, aux termes du traité de Presbourg, les Etats vénitiens, de par la volonté de Napoléon, firent retour à l'Italie, ce fastueux monarque tint à y posséder deux résidences, car il affectionnait au double titre d'Italien d'origine et de fait, et d'artiste qu'il était, cet incomparable pays. Il réserva pour son usage le palais construit par Sansovino sur la place Saint-Marc, y fit adjoindre une aile importante à peu près dans le même style qui relie les Procuraties anciennes aux nouvelles (1) ; enfin, il fit chercher à la campagne, dans un rayon rapproché de l'Adriatique et toujours en territoire vénitien du continent, un palais digne de lui. Il le trouva à Strà et négocia son achat avec les descendants alors vivants de cette famille, nommément les frères Alvise et François Pisani, qui, au dire de Gherro (2), reçurent du Trésor italien, pour la vente à S. M. Impériale et Royale, 973.000 fr., chiffre assez sensiblement différent de celui cité plus haut, qui correspond aux frais qui furent faits aussitôt dans cette maison de villégiature impériale. Napoléon y séjourna juste à deux reprises différentes en 1807, et c'est tout, mais il n'est pas douteux qu'il y fût revenu volontiers plus tard, comme on sait qu'il en eut l'intention, par le voyage qu'il avait projeté à Rome, si son règne n'eût pas été brisé dans sa fleur, par les victoires décisives, bien que péniblement acquises et peu glorieuses des cinq ou six armées européennes liguées ensemble contre les seuls Français.

(1) Sa salle de bal du premier étage est fort jolie, ainsi que l'escalier empire pour lequel le célèbre Percier fut consulté.

(2) Gherro, *Venezia ed Isole*, stampe e disegni, vol. II, p. 117. (Collection du Museo civico de Venise, provenienza Cicognara. M. S.)

Napoléon descendit pour la première fois dans son palais de Strà le 28 novembre 1807, entouré de plusieurs rois et d'une cour brillante. Il passa une revue le lendemain sur les parterres du parc, visita les bâtiments et le jardin, puis alla coucher à Venise, où il resta plusieurs jours, au milieu des fêtes. Il vint encore déjeûner à Strà le 13 décembre au matin, à son passage pour Vérone, Mantoue et Milan, au retour de son excursion dans le Frioul italien (à Udine, à Gradisca, à Osopo), province qui devint le nouveau département italien *de Passeriano*, du nom du château célèbre situé dans cette contrée, où, en 1797, il avait négocié avec l'Autriche les glorieux préliminaires de Campo-Formio (1).

Mais Strà, pour n'avoir pas été suffisamment habité par l'Empereur et Roi, servit souvent de villégiature à un autre Napoléonide, le vice-roi Eugène de Beauharnais, qui y séjourna presque chaque été durant sept ans. Beaucoup de ses lettres et décrets sont datés de Strà (2). On prétend même que l'Empereur, en accordant la jouissance à Eugène, lui permit de lui donner son nom, d'où l'appellation « villa Eugéniana » (3), qu'on lui connut. Il manifesta en outre l'intention et il la réalisa, lorsqu'il voulut fortifier la situation personnelle de son beau-fils adoptif, de le gratifier d'une autre magnifique résidence lui appartenant, la *Villa Bonaparte* de Milan, qu'Eugène habita le plus souvent entre 1810 et 1814 (4).

(1) L'orthographe italienne est *Campo-Formido.*

(2) Voyez par exemple son important décret du 11 octobre 1811, sur l'Université d'Italie.

(3) Gherro : *opus citat.*

(4) Ce palais existe encore, bien qu'en grande partie démeublé, et est connu aujourd'hui sous l'appellation de *Villa reale.* Il offre une architecture d'un

Strà a une façade sur la Brenta d'un seul étage comprenant, avec le péristyle central, qui compte un étage de plus, vingt-huit fenêtres. L'architecture en est noble et simple, d'ordre dorique sur les ailes, d'ordre corinthien au centre (1). Le palais, vu de face, se compose d'une grande colonnade avec avant-corps central surmonté d'un entablement avec architrave et frise formée de guirlandes sculptées, tenues par des amours en ronde bosse, et d'un fronton très sobre et léger, dont le milieu a pour unique ornement l'écusson du royaume d'Italie. Trois statues de marbre blanc se détachant sur le plein air surmontent ce fronton, placées chacune sur des .acrotères à chaque extrémité et l'autre au sommet. Cette dernière repré-sente la Justice tenant ses balances. Les huit grosses colonnes du milieu de l'édifice sont majestueuses et admirablement proportionnées. Les ailes, très simples, n'ont, comme nous l'avons dit, qu'un étage, *le premier,* « il nobile piano », comme l'appellent les Italiens. Chaque fenêtre est séparée par deux colonnes doriques plates accouplées. Enfin, les extrémités se composent d'un seul étage comme les ailes, mais dominé par un fronton avec trois statues moins importantes se détachant à l'air libre. Des vases décoratifs accouplés, alternant avec des statues, couronnent dans toute leur longueur les deux ailes et règnent avec les colonnettes dont nous venons de parler. Le rez-de-chaussée enfin, toujours très simple, est assez bas. Quatre très belles cariatides sculptées s'admirent à la porte princi-pale. L'ensemble est élégant et d'un bon style italien prononcé.

---

caractère tranché et à l'intérieur, entre autres pièces de la même époque, une salle à manger empire admirable, peinte par le célèbre Appiani.

(1) Voyez la reproduction que nous en donnons au début de cette étude.

Quand on pénètre au rez-de-chaussée, sous le vestibule, on remarque qu'il est à jour et à portiques. Ses proportions sont très vastes. Il y a là plusieurs grandes cours intérieures. Un personnel nombreux, tant d'attelages que de courriers, peut s'y mouvoir à l'aise.

L'escalier d'honneur, qui monte de ce rez-de-chaussée à l'étage principal, n'a rien de remarquable. A droite sur le palier, après plusieurs salles où l'on conserve encore des meubles du temps de Napoléon — notre visite eut lieu au printemps de 1902 — nous nous arrêtâmes dans la chambre du vice-roi Beauharnais. Elle est demeurée presque intacte avec son large lit à colonnes, ses chaises gondoles, ses deux commodes se faisant vis-à-vis, son plafond genre pompéien et sa frise à teinte verte ornée, entre autres motifs, de couronnes de fer, et ses rideaux de fenêtres d'un drapage charmant, comme on savait le composer en 1807. La hauteur du plafond est de 6ᵐ 50, là comme partout, à cet étage immense. On aura une idée du reste de ce palais, quand j'aurai dit qu'il contient, dans son quadrilatère, une enfilade de cent quatre-vingt-cinq pièces. Et, précisément, cette quantité de pièces reçut une destination sous Napoléon, sans parler de la mise en état générale qu'on dut au même souverain, ainsi que l'attestent les documents conservés aux archives de Venise. Ce palais, à partir de 1807, eut un personnel à lui, un gouverneur et, en définitive, fut l'objet d'un entretien parfait. L'empreinte artistique et historique s'y est conservée jusqu'à nos jours et, en 1902, il appartenait encore au gouvernement. Strà, pour l'art décoratif, présentait alors dans ses appartements d'apparat un spécimen d'habitation princière de style empire pour les meubles; il est vrai, tous de facture italienne, c'est-à-dire moins finis et de moins bon goût que ceux d'origine. française, de même pour les ornements, les rideaux de fenêtres à plis savants et très ingénieux et les étoffes. Sans doute l'intérieur de Strà n'a pas la richesse du palais de Napoléon à Milan, conservé lui aussi à peu près intact; sans doute il n'atteint pas aux merveilles du style empire datant de l'époque, que l'on peut admirer encore à Wilhelmshœhe (anciennement Napoleonshœhe), près de Cassel, en Allemagne, dans les palais de Cassel, de Stuttgard, de Wurtzbourg, etc., etc., dont les bronzes vinrent de Paris; mais sa tenue actuelle est encore très satisfaisante pour le connaisseur.

Dans d'autres parties du château, on respire le parfum d'un autre âge, notamment du XVIIIe siècle. L'œil y contemple, par exemple, des peintures à fresques, des tableaux et des paysages de l'école italienne, dont plusieurs sont dus à des artistes connus, des bustes de marbre, des figurines et des médaillons de bronze. On y note au passage des meubles en bois sculpté et en marqueterie. Dans la chapelle, il y a un autel en marbre dû à Sansovino, entre autres objets dignes d'attention. La grande salle centrale était réservée aux fêtes et cercles des Pisani et de la cour : ses dimensions sont superbes. On y remarque un plafond peint par Tiepolo, puis, se faisant face, quatre vases de Sèvres sur des consoles amples très simples, des chaises longues curieuses et des dessus de fenêtres en velours genre cretonne. Un balcon central, enrichi d'une belle corniche, circule autour de ce hall orné de peintures élégantes, à sujets mythologiques et romains, du Milanais Pierre Visconti, et de sculptures en bois, d'artistes padouans.

Je termine cet aperçu sur Strà en disant un mot de l'appartement de l'Empereur. Il est situé sur la façade à droite de la grande salle et occupe aussi l'angle du palais faisant face à la

Brenta, vers la direction de Venise Il se compose de plusieurs pièces à ample distribution, d'un cabinet de travail où je remarque de riches soieries, de jolis dessus de fenêtres, un fauteuil de bureau très original avec des meubles au chiffre d'Eugène Beauharnais. La chambre de l'Empereur est tendue de soierie jaune. Le plafond est peint d'amours et les parois d'entourage offrent des bas-reliefs, peints également. Le lit à colonnes blanches et or avec le chiffre de Napoléon est surmonté d'un petit dôme blanc orné d'étoiles d'or et couronné d'un amour sculpté. De ce dôme tombent des rideaux en soie blanche dite quinze-seize. En soie également sont les matelas. L'ameublement italien est en bois sculpté. Les rideaux des fenêtres, dont nous avons déjà fait l'éloge, sont accompagnés de baldaquins ornés de rosaces dorées. Dans un coin, une chaise à porteur empire avec des lions ailés sculptés. A côté de la chambre à coucher, la salle de bains dont S. M. ne pouvait se passer. L'emplacement de la baignoire est très visible : celle-ci a été enlevée.

A côté, toujours sur la façade principale donnant sur la Brenta, un beau salon de réception tendu en gourgouran vert très simple. Tous les nombreux sièges en bois sculpté, laqué blanc et or, ont des dossiers à crosse. Le plafond assorti en même couleur est décoré d'amours. Je note un lustre de cristallerie vénitienne de l'époque, une glace très curieuse, deux remarquables consoles recouvertes d'un gros marbre brèche et des fauteuils aux bras ornés de têtes d'aigles. Attenant à ce salon, un autre couleur bleu ciel, meublé d'acajou, toujours dans l'appartement impérial. Le plafond renferme des médaillons peints séparés par des aigles; les chaises et fauteuils sont d'un style léger, les consoles à l'avenant. Tout cet ensemble présente le caractère solennel et plein d'unité des palais napoléoniens. J'allais oublier de citer comme existant quelque part à cet étage immense une armoire qui contient encore de la verrerie au chiffre impérial.

Deux antichambres nous séparent de l'escalier principal par lequel nous sommes venus. Il nous ramène au rez-de-chaussée avec ses couloirs énormes à piliers et ses cours intérieures ; nous gagnons le jardin ou plutôt le parc entouré de murs et qui a une contenance d'environ 10 hectares. Il renferme d'assez nombreux groupes et statues de marbre, tantôt épars dans les chemins, tantôt rangés avec symétrie. L'écurie, construite en style italien, avec un double étage et avec toits plats ou terrasses ornés de vases et de statues, déploie un péristyle central à six colonnes doriques, elles-mêmes surmontées d'un fronton de temple et reposant sur des marches tenant toute la largeur. Ce n'est plus un commun, c'est un autre palais, voire même une église, et celui-ci, on peut le dire, d'aspect lourd et presque baroque.

Dans le jardin, aujourd'hui bien peu entretenu à côté de ce qu'il fut autrefois, s'alignent des magnolias à l'état d'arbres plantés sous le premier royaume d'Italie, des caisses d'orangers en terre cuite ornées de couronnes de fer, caisses datant de la même époque et quelques autres aussi plus anciennes remontant aux Pisani.

Ce palais de Strà ne fut que très rarement habité par les souverains, après 1815. Sous la domination autrichienne les gouverneurs en eurent la jouissance ; l'Empereur aussi parfois et les archiducs y logèrent ; c'est ainsi qu'il fut sauvé du dépècement probable qui l'attendait s'il fût revenu à un particulier, car un particulier pour l'habiter ne peut avoir qu'une fortune princière et celles-ci sont rares ; c'est donc ainsi aussi que Strà passa de nos jours à la Couronne d'Italie. Le roi Victor-Emmanuel II, de la Maison de Savoie, vint le visiter, mais peu porté aux questions d'art, trouvant d'ailleurs qu'il possédait trop de palais, il ne s'y arrêta guère. Ses augustes descendants ne peuvent, par suite de la réunion entre leurs mains de tous les anciens palais des diverses principautés, aujourd'hui fondues dans l'Italie unifiée, se soucier d'en entretenir un nouveau de cette ampleur, et cela se conçoit. Aussi l'ont-ils rétrocédé au gouvernement, et l'on dit, ce qui serait très fâcheux, que le gouvernement italien chercherait à le vendre. Ce palais pourrait pourtant convenir à un établissement public consacré aux arts, par exemple. En tout cas, formons le vœu, au nom du monde artiste, de le voir conservé aux grands souvenirs, qu'il rappelle dans sa forme actuelle avec ses intérieurs, ses meubles et son parc. Il doit être un but de promenade pour les Italiens et les touristes qui aiment l'histoire et respectent ses monuments. Le pays qui l'entoure est d'ailleurs fort beau. Il suffit pour qu'il devienne très fréquenté de le faire connaître et d'en vanter l'intérêt.

LE PALAIS DE NAPOLÉON A VENISE

Parvenu en 1805 à l'apogée de sa fortune, comme réunissant sur sa tête les deux couronnes de France et d'Italie, Napoléon qui voyait grand et croyait sa puissance fondée pour un long espace d'années, résolut de posséder et d'installer aux points cardinaux de son vaste empire, des palais à son usage. Il voulait y résider dans ses voyages et recevoir chez lui les vœux des populations et les autorités.

Dans l'Italie du nord-ouest, outre Strà dans les Etats vénitiens dont nous venons de parler, il approuva qu'on lui présentât les plans d'un palais à Venise même, après qu'il eût constaté en 1807, qu'aucune entrée vraiment royale ni qu'aucune salle de bal ou grand appartement moderne pour tenir cercle, n'existait dans les vieilles Procuraties, où il logea et qui sont l'œuvre de l'illustre architecte vénitien Sansovino. Toucher à ces ailes remarquables ne pouvait lui convenir, tandis que réunir les deux Procuraties, au fond de la place Saint-Marc, était une idée qui lui sourit, parce que l'ensemble de la place pouvait y gagner. Avant 1807, cet espace était occupé par un petit temple dit de San Gemanio et par sept arcades, dûs également à Sansovino. Quand le projet de réunion des Procuraties nouvelles à construire dans le même style Renaissance de Sansovino eut été décidé, le gouvernement italien, vers 1809, envoya à Venise, pour édifier le palais napoléonien, le chevalier Joseph Soli, professeur de dessin à l'Académie royale de Modène. On démolit le petit temple et aux sept arcades déjà existantes on en ajouta huit autres d'une longueur totale de 57 mètres. Soli les acheva en 1810. C'était une soudure à l'œuvre de Sansovino, qu'on ne manqua pas de critiquer jadis, mais sa conception s'harmonise aujourd'hui avec elle, grâce à la patine du temps qui a tout fondu.

La façade sur la place Saint-Marc conserva les mêmes deux ordres dorique et ionique qui règnent le long de tout le côté des Procuraties nouvelles; on la surmonta d'un attique qui, par sa hauteur et par le luxe de ses ornements, nuit peut-être à l'élégance du second ordre et à la masse de l'édifice. Mais, pour l'alléger, on plaça, en 1812, un bas-relief représentant *Napoléon sur son trône* (1) *entouré de personnages allégoriques*; dans les tympans, de chaque côté, furent sculptées deux couronnes de fer décoratives. Le gouvernement autrichien en 1815 enleva le Napoléon et laissa les couronnes. Il substitua au bas-relief politique un autre très joli et long en marbre blanc, figurant une scène quelconque à l'antique, traitée avec une certaine fougue.

Du côté opposé à la place, c'est-à-dire sur la rue du sud allant à *l'albergo della luna*, même façade avec l'ordre ionique et un attique surmonté de douze statues décoratives de marbre blanc de Carrare; ce sont des dieux, tels : Hercule, Mercure,

____

(1) *Le fabbriche et monumenti cospicui di Venezia*, illustrati da L. Cicognara, da A. Diedo et da G.-A. Selva (à Venise, chez Antonelli, 1858), 2 vol. grand in-folio, *en français et en italien*. Voyez la planche 61 au trait, où figure le bas-relief relatif à Napoléon.

Mars, Jupiter, Diane, Vulcain, etc. L'architecte Laurent Santi continua l'œuvre de Soli et fit surtout ce côté, dit de San Moïse. L'étage toujours de ce côté se compose comme suit : d'abord au-dessous de cet attique couronné des statues dont nous venons de parler, une surface composée de compartiments ornés de sculptures, telles que casques de guerriers avec des armes ou attributs militaires entremêlés : javelots, trompettes, enseignes, arcs, carquois, branches de lauriers, etc. Le restant suit les lignes de l'édifice des anciennes Procuraties, sauf que la couronne de fer revient comme marque d'époque, intercalée dans les petits modillons de l'entablement. Au rez-de-chaussée, au centre, est un atrium de trois arcades qui vraiment est digne de la majesté du lieu. A gauche, se trouve l'escalier royal pour lequel Percier fut consulté. Cet escalier monte par deux branches distinctes à un grand préau. On y admire, sur les parois de la muraille, quatre belles Victoires, grandeur nature et en marbre, avec des guirlandes sculptées ; ces victoires tiennent une main de justice : l'aigle impériale est accroupie près d'elles. L'escalier de marbre et peint en grisailles est de Santi, la salle de bal que nous allons décrire est aussi de lui. Ce sont des ouvrages de 1810 ; leur style empire est bien reconnaissable, quoiqu'un peu italianisé, c'est-à-dire ayant moins de caractère que le style français d'alors.

Les fresques à l'intérieur ont été achevées ou modifiées à l'époque autrichienne et représentent des allégories d'un sens assez général pour pouvoir être conservées par tous les régimes. On remarque dans la salle de bal *l'Aurore* par Piacetta, peinture extrêmement fine, qui rappelle un peu le genre d'Applani. On doit citer encore les ornements dûs au pinceau du professeur Borsato, les fresques de Politi, où cet artiste symbolise la paix et les autres vertus propres à l'empereur François successeur de Napoléon.

Les meubles de la salle de bal et les lustres datent de l'Empire ; l'ensemble en est joli et plein d'unité. Mais tous ceux de l'aile des Procuraties nouvelles, qui étaient de provenance française et avaient été commandés par Eugène Beauharnais, furent enlevés par les Autrichiens lors de leur défaite en 1859 et emportés à Vienne (1). Ils n'eurent pas le temps heureusement d'emballer ceux du palais de Milan qui sont restés, et, c'est là qu'est conservé le plus bel ensemble de mobilier, de sculptures en stuc, de bronzes et de peintures décoratives à sujets étonnants de variété et de tonalités, rappelant la monarchie fastueuse bien qu'éphémère de Napoléon.

(1) Nous en excepterons un guéridon en bois de citronnier et à cariatides de bronze et pieds de sphinx, dont le dessus placé sous verre renferme des sujets en biscuit de Sèvres à fond bleu ; cadeau superbe, selon la tradition, de Napoléon à Marie-Louise, meuble d'une haute valeur, provenant, dit-on, du palais de Parme où Marie-Louise l'avait apporté après les événements de 1814.

TABLE

—

Nevers. — Imprimerie G. Vallière.

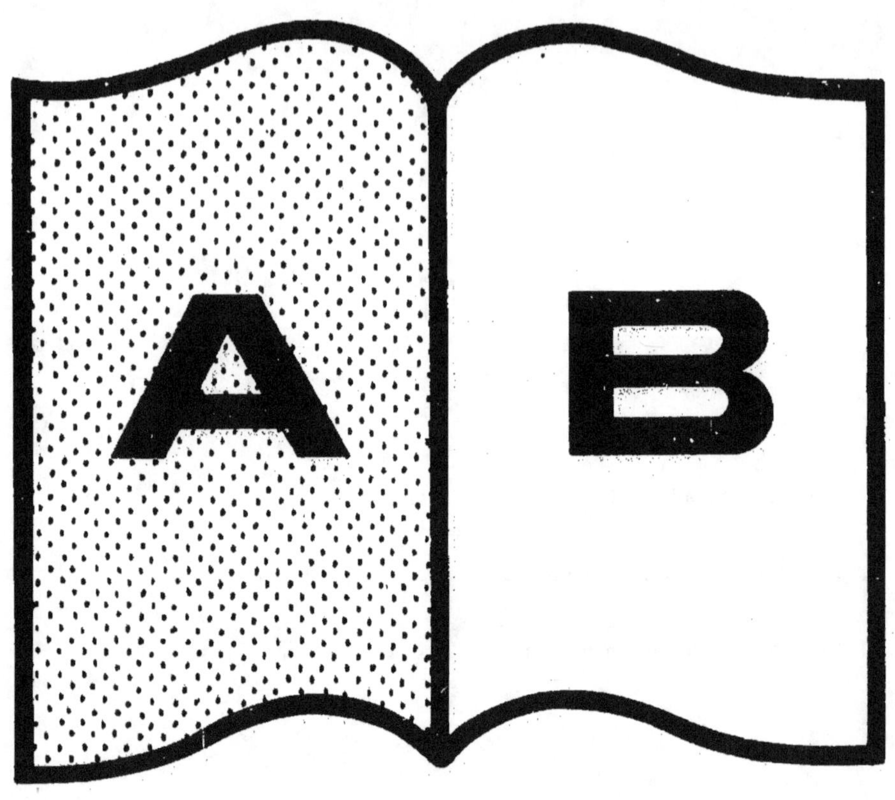

Contraste insuffisant

NF Z 43-120-14

www.ingramcontent.com/pod-product-compliance
Lightning Source LLC
Chambersburg PA
CBHW061654060726
47597CB00005B/2163